Todos los libros de Linkgua Ediciones cuentan con modelos de Inteligencia Artificial entrenados por hispanistas. Pregúntale al chat de tu libro lo que desees acerca de la obra o su autor/a.

Para ebooks: Accede a nuestro modelo de IA a través de este enlace.

Para libros impresos: Escanea el código QR de la portada con tu dispositivo móvil.

Obtén análisis detallados de nuestros libros, resúmenes, respuestas a tus preguntas y accede a nuestras ediciones críticas generativas para una experiencia de lectura más enriquecedora.
La transparencia y el respeto hacia la autoría de las fuentes utilizadas son distintivos básicos de nuestro proyecto. Por ello, las respuestas ofrecen, mediante un sistema de citas, las fuentes con las que han sido elaboradas.

Francisco Medrano

Poemas

Barcelona 2024
Linkgua-ediciones.com

Créditos

Título original: Poemas.

Diseño de la colección: Michel Mallard.

ISBN rústica ilustrada: 978-84-9007-520-3.
ISBN tapa dura: 978-84-1126-732-8.
ISBN ebook: 978-84-9897-787-5.

Sumario

Brevísima presentación

La vida

Francisco Medrano (1570-1607). España.

Fue miembro de una familia acomodada. Se cree que inició sus estudios en el colegio sevillano de San Hermenegildo y después en la Compañía de Jesús. Estudió además arte, filosofía y teología, y enseñó en Córdoba y Salamanca (1592), donde fue ordenado sacerdote; luego marchó a Valladolid y en 1597 al Colegio de la Compañía en Monterrey, Galicia. En 1602 abandonó a los jesuitas, tal vez por simpatizar con las posturas rebeldes en las disensiones internas que entonces habían en la orden.

Medrano regresó a Sevilla, y vivió hasta el final de su vida como sacerdote secular a cargo de la finca de Mirarbueno, propiedad de su familia, que fue una de sus fuentes de inspiración. En esos últimos años se relacionó con los círculos literarios de Sevilla. No se conocen las causas de su muerte.

La obra poética de Francisco de Medrano se enclava dentro de la Escuela de Salamanca y se compone de odas y sonetos de temática amorosa, elegíaca, y en algún caso ascética.

Estos poemas están fluidos por Horacio. A diferencia de muchos de sus coetáneos, Medrano tiene un estilo alejado de los excesos del Barroco.

Su lírica amorosa está dirigida a Flora, identificada como doña Inés de Quiñones, a Amaranta (María de Esquivel), a Amarilis, de quien se ignora el nombre, y a Catalina de Aguilar. Los poemas de Medrano se publicaron en el volumen *Remedios de Amor* (Palermo, 1617).

Décimas

En la fiesta de San Antonio

Si tenéis sed de virtud,
venid, almas, y bebed,
y mataros a la sed
la fuente de la salud.
Y aunque no es agua de pie
sino de mano de Antonio,
eterna es por testimonio
que deso nos da la fe.
A su casa recién hecha
Antonio quiso traella

y darnos junto con ella
de virtudes gran cosecha,
que es aquel niño divino
agua de fuente de vida,
consagrada y convertida
en casto y virginal vino.
Y por tan dichoso lance
es con gran razón llamada
de Jesús esta morada,
que es de salud en romance.

Bien sé que se ríe el mundo

Bien sé que se ríe el mundo,
de ver cómo taño y canto,
habiendo llorado tanto
mi dolor grave y profundo.
Sepan que en esto me fundo,
que en los tormentos mortales
y las penas desiguales,
no me aprovecha llorar;
y así procuro cantar
por ver si espanto mis males.

Canta el preso alegremente,
los duros grillos tocando,
y el trabajador, cantando,
su trabajo menos siente;
canta dulcísimamente
el pajarillo enjaulado.
Y yo, de penas rodeado,
procuro cantar un poco;
mas no piensen que estoy loco,
sino de llorar cansado.

Un tiempo alegre canté,
mas fue tal mi suerte avara,
que lloré porque cantaba,
y hoy canto porque lloré.
Si de mí mismo no sé,
¿por qué se espantan si canto,
y habiendo llorado tanto

y sabiendo en qué consiste,
pues siempre el canto del triste
suele convertirse en llanto?

Burle el mundo de mi canto,
y burle quien me mató;
mas sepan que entiendo yo
que fue disparate el llanto.
Ya me alegro, taño y canto,
ya no quiero más llorar
que me quisieron matar;
mas pues el cielo lo ordena,
para mitigar mi pena,
quiero tañer y cantar.

Romances

Que toques a recoger

Que toques a recoger
te ha persuadido mil veces,
pensamiento, el desengaño:
yerras si no le obedeces.
En los surcos que has arado,
más, pensamiento, no siembres,
que la cosecha es estéril,
y vas, sin duda, a perderte.
Ponte, pensamiento mío,
con un amo que te premie,
que el servir y no medrar
es vil linaje de muerte.

Cuando te lisonjearen
con deleites aparentes,
quita la máscara al gusto
y echarás de ver que mienten.
Deleite y necesidad
tienen la cara de hereje:
necesidad cuando vive
y deleite cuando muere.

Y en la tragedia del mundo,
hace los buenos papeles
no al que apadrinan sus partes,
sino al que ayuda la suerte.
Pero al fin de la jornada,
así a desnudarse viene
el que gobernó dos mundos

como el que rigió dos bueyes.

Romance de la muerte

Al son cuerdo de las cuerdas
de cordura y de prudencia,
en la vigüela de vida,
porque siendo vida vuela,

un oficio de difuntos
cantar si puedo quisiera;
váyase quien no gustare
de este mi requiem eternam.

De mil engaños cercados,
no vemos cómo se acerca,
ay, nuestra cercana muerte
para saltar nuestras cercas.

Yo mismo que canto agora,
si un punto me detuviera,
no cantara más que un canto
ni hablara más que una piedra.

Digo, pues, que vendrá día
cuando la rara belleza
pierda su bella figura
y no haya quien quiera vella;

cuando verá más el alma
a la luz de una candela,
que agora ve a mediodía
cuando la del Sol esfuerza;

cuando los ojos que vivos
cristales de roca fueran
derrocando corazones,
se derruequen a la tierra;

cuando la cara más cara
tan barata se nos venda
que miralla cara a cara
por caro precio se tenga,

y a las delicadas manos,
que en todo la mano llevan,
ya todos les den de mano,
y aun de pie si las encuentran,

y de los rubios cabellos
de que mil ánimas cuelgan,
cuelguen doblados gusanos
que por ellas se descuelgan;

cuando el pecho de alabastro
a quien hoy el mundo pecha,
a la tierra pague pecho,
andando pecho por tierra,

y la cabeza cargada
de perlas y ricas piezas,
hecha piezas, sobre sí
tenga una carga, de piedras;

y perdiendo el propio nombre,

le tome de calavera,
porque quien cala verá
en qué paran las cabezas;

cuando por la cama blanda,
la tierra dura suceda,
dura que al que en ella dura
durar mucho no le deja,

y por ropa libre y ancha,
justa y angosta librea;
y por las joyas, la hoya;
y las piedras, por las perlas;

cuando con nuevos cantares
y músicas de tristeza,
casen nuestros huesos tristes,
por ser huesos, con la güesa.

Razón es, pues, aprestarnos,
pues la muerte viene presta,
y en su presto y breve trance
aprestarse solo presta.

Con la consideración
pasemos la carrera:
carrera que hemos de dar
sola una carrera en ella.

Y quien la memoria de esto
tiene por agora presa,
entonces la presa, rota,

le molerá de represa.

Un bulto casi sin bulto

Un bulto casi sin bulto
de güesos de un hombre santo,
un cuerpo de poco cuerpo,
de carne de un descarnado,

remontado por los montes,
solo, puebla un despoblado,
y por entre peñas vivas
trae su vida despeñando.

Sobre las sierras peladas
andan los güesos pelados
de Francisco o de la sombra
de Cristo crucificado.

Viste el desecho del mundo,
y dél se ha deshecho tanto,
que es, por deshecho y de hecho,
dechado de desechados.

Un capote de sayal
es su vestido ordinario,
hábito de quien tenía
hábito de andar gallardo.

Los desencasados ojos
trae con el cielo casados,
y con los clavos de Cristo
errado, pero no herrado.

Todo elevado en el cielo,
de tierra todo elevado,
elevado porque a Dios
su corazón es llevado.

Quiérese llamar menor
por su mayor menoscabo,
menoscabo porque cabe
en cualquiera menor cabo.

Dios por su menor le toma,
y en todo le ha mejorado
viendo que es lo que le da
mejorado y mejor dado.

Ciñe una cuerda su cuerpo,
cuerdo en todo y acordado,
pues con la cuerda concuerda
los quereres discordados.

Sus pies descalzos por tierra,
mas por el cielo descalzos,
siempre en vela sus sentidos
y de velar desvelados.

De su cilicio y silencio,
por no rompérselo, callo,
y de sus santas rodillas,
también callaré los callos.

Si sus milagros contara,

fuera muy largo y milagro.
Ceso, pues, y de su seso
puede otro seso alabarlo.

Solo diré que en su iglesia
Dios puso ejemplo tan raro
a perfectos y imperfectos
para imitallo y mirallo.

Sonetos

A Fernando de Soria Galbarro

Este soneto es como prefación y dedicación de los demás

Sé que allá corre el mundo asaz ligero
donde, fatal ministro de su muerte,
pródigamente ponzoñoso, vierte
más de dulzura el verso lisonjero.

Bien como a infante pues, que sin entero
seso el remedio de su mal no advierte,
beba lo falso, y a beber acierte,
yendo engañado al bien, lo verdadero.

Solo aquel tocó el punto, que prudente
con lo dulce templó lo provechoso
¿y a quién fue Apolo, a quién, así clemente?

Yo, Sorino, lo intento, codicioso
del pro común; tú apruebas que lo intente:
suceso den los cielos venturosos.

Tus ojos, bella Flora, soberanos

Tus ojos, bella Flora, soberanos,
y la bruñida plata de tu cuello,
y ese, envidia del oro, tu cabello,
y el marfil torneado de tus manos,

no fueron, no, los que, de tan ufanos
cuanto unos pensamientos pueden sello,
hicieron a los míos, sin querello,
tan a tu gusto vitorioso llanos.

Tu alma fue la que venció la mía,
que expirando con fuerza aventajada
por ese corporal apto instrumento,

se lanzó dentro en mí, donde no había
quien resistiese al vencedor la entrada,
porque tuve por gloria el vencimiento.

A. S. Pedro, en una borrasca, viniendo de Roma

Pescador soberano, en cuyas redes
los monarcas mayores han estado
dichosamente presos, y cambiado
en gloria sus prisiones y en mercedes;

tú que abrir y cerrar el cielo puedes,
con poderosa llave, a tu ganado,
y alcázar en la tierra has alcanzado
con columnas de pórfido y paredes:

los ojos vuelve al mar enfurecido,
y pues tal vcz osó mojar tu planta
aun siendo hollado de tu fe animosa,

su hinchazón rompe, acalla su ruido,
y enseñado discípulo, levanta
mi fe y mis pies con mano poderosa.

En la playa de Barcelona, volviendo de Roma

Pláceme ver el mar cuando se enoja,
y a montes d'agua montes acumula,
y al experto patrón —que disimula,
prudente, su temor— puesto en congoja.

También me place verle cuando moja
la orilla malavés, y en leche adula
a quien sus culpas llevan, o su gula,
a cortejar cualque birreta roja.

Turbio me place, y pláceme sereno;
verle seguro, digo, desde afuera,
y éste medroso ver, y éste engañado:

no porque me dé gusto el mal ajeno,
más por hallarme libre en la ribera,
y del mar falso asaz desengañado.

Vine, y vi, y sujetóme la hermosura

Vine, y vi, y sujetóme la hermosura
de un serafín que, en apariencia humana,
a los mortales ojos tal se allana
que aunque flacos, sostengan su luz pura.

Así mirarse deja con segura
vista el temprano Sol de la mañana,
y entre nubes de nieve tinta en grana
permite a nuestra vista su figura.

Vencióme, y tan dichoso fui vencido
cuanto sin tiempo de gozarme en sello,
porque me priva ausencia de gozallo;

que de muy sin ventura siempre ha sido
llegar al bien, y vello ya, y tocallo,
y para más dolor, luego perdello.

Al licenciado Cristóbal de Mesa en su poema de la Restauración de España

Hizo astillas el yugo, y la coyunda
afrentosa rompió con que oprimida
se vio España, la espada no vencida
que imperio nuevo al gran Pelayo funda.

Tentó malgrato el tiempo, con profunda
envidia, olvidar gloria tan crecida;
y a los ojos del Sol y a nueva vida
hoy la ofrece tu pluma sin segunda.

A aquélla la morisma infame muerta,
a ésta el olvido bárbaro vencido,
y a una y otra su gloria, debe España:

mas si una de los moros la liberta,
y si otra la liberta del olvido,
¿cuál hace de las dos mayor hazaña?

Estaba de mi edad en el florido

Estaba de mi edad en el florido
abril, que fruto asaz me prometía,
y de mi Flora en el regazo un día
vi reposar al niño Amor dormido.

Las alas, que tan alto le han subido,
por no bajar, abandonado había;
yo, que de celos y de envidia ardía,
tenté con ellas usurparle el nido.

Volar tenté, mas de la luz medroso
de tus soles, oh Flora, mudé intento,
con el fracaso d'Ícaro avisado;

que es más valor tal vez ser temeroso,
y no siempre Fortuna da al osado
favor, ni quiere el gusto ser violento.

Borde Tormes de perlas sus orillas

Borde Tormes de perlas sus orillas
sobre las yerbas de esmeralda, y Flora
hurte para adornarlas al'Aurora
las rosas que arrebolan sus mejillas;

viertan las turquesadas maravillas
y junquillos dorados, que atesora
la rica gruta donde el viejo mora,
sus Dríades en cándidas cestillas,

para que pise Margarita ufana,
tierra y agua llcnando de favores.
Mas si uno y otro mira con desvío,

ni las Ninfas de Tormes viertan flores,
ni rosas hurte Flora a la mañana,
ni su orilla de perlas borde el río.

Al mismo entrando en las escuelas de Salamanca

Soberano Señor, cuyo semblante
tal vez nos representa a Marte crudo,
con el estoque vengador desnudo
y la túnica estrecha de diamante:

tal, nos pone pacífico delante
preso el cabello con curioso ñudo
de lauro, y con un libro por escudo,
no menos sabio a Apolo que elegante:

honra ahora las letras, y con ellas,
émulo de tu padre y de sus leyes,
da a la paz el dominio de tu tierra.

De tu abuelo después sigue las huellas,
pues igualmente es propio de los reyes
amar la paz y ejercitar la guerra.

A Fernando de Soria Galvarro

Vos, oh común Señor, esta criatura
vuestra hicistes del polvo, y vuestro aliento
le prestó ser, y vida, y movimiento,
y la razón derecha, y la figura.

Yo, ciego (¡y cómo ciego!), la dulzura
seguí de un breve y falso bien, sediento
(¿qué útil pudo al polvo traer el viento?),
y olvidéos, fuente llena siempre y pura.

¡Oh agravio sin igual! ¿Qué recompensa
dar pucdo, si aun me duelo escasamente,
y otra repito luego, y otra ofensa?

Largádmelas, Señor, que si las sañas
guardáis Vos, un tan franco y tan paciente
Dios, ¿en quién habrá fáciles entrañas?

Odas

A don Alonso de Santillán, alférez real de los Galeones

Santiso, ¿ahora, ahora la riqueza
de los Ingas envidias, y, guerrero,
ya oprimes con acero
la frente, y con destreza
juegas ya el hierro fiero?

¿Fabricas al flamenco y inglés pirata
cadenas? y amenaza tu estandarte
a aquella oculta parte
do, sediento de plata,
osó penetrar Marte.

Sea; y ufano tus rebeldes huella,
de ellos violento dueño apoderado.
¿Servirte han de su grado
esclava la doncella
o el mozo aprisionado?

¿Ardes por oro?; bebe, bebe; y tanto
el avaro y más que Átalo posea:
poder matar no crea
su sed: fáltale ¡oh, cuánto!
a quien mucho desea.

Bien posible será volver el río
que de altas cumbres vierte despeñado,
a sus fuentes, de grado;
verse helado el estío
y el invierno abrasado;

cuando tú aquellas con razón divinas
letras del Aristótil que estimaste
ya, y sédulo aquistaste,
¡en cuáles disciplinas,
malconstante, trocaste!:

la ciencia noble en mercantil cuidado,
y la que sobra todas alabanzas
toga modesta, en lanzas:
habiendo de ti dado
tan otras esperanzas.

A nuestra hermosa y astuta dama de Sevilla

A nuestra hermosa y astuta dama de Sevilla
Si pena alguna, Lamia, te alcanzara
por cada voto que perjura quiebras;
si al menos una de tus rubias hebras
en cana se trocara,
creyérate: mas luego que, engañosa,
la fe rompes debida al juramento,
tú, de la juventud común tormento,
despiertas más hermosa.

Falta pues, Lamia bella, al siglo honrado
de tu difunta madre, sin recelo;
falta a tu vida misma; falta al cielo
la fe que les has dado:
pues de ver cuánto número confíe
de mozos en tus juras, y qué artera
burles al más astuto que te espera,
todo el cielo se ríe.

Más: que la juventud para ti crece
toda; crécente nuevos servidores,
y de los que hoy desprecias amadores
ninguno te aborrece:
de ti la madre teme a su querido
hijo; teme de ti el viejo avariento;
teme la esposa que tu dulce aliento
detenga a su marido.

Qué pide al cielo el bien disciplinado

¿Qué pide al cielo el bien disciplinado
filósofo? De Creso no el tesoro,
ni de Midas el oro,
ni de Augusto el estado,
ni el trigo que Sicilia fértil siega,
ni las vacadas de Calabria gruesas,
ni las anchas dehesas
que el Guadalquivir riega.

Poden aquellos a quien dio Fortuna
viña, y la plata con primor labrada
sirva al que estima en nada
el golfo, y le importuna
y sulca tres y más veces sin pena,
caro a los cielos mismos. Yo, contento
con poco, el mar violento
veré desde la arena,
y al cielo pediré sola una honesta
y mediana fortuna, con buen seso;
una vejez de peso,
ni a mí ni a otro molesta.

El entero varón, de culpas puro

El entero varón, de culpas puro,
por do quiera sin flecha enherbolada
y sin arco, Sabino, y sin cargada
aljaba irá seguro,
ora atraviese páramos desiertos,
de humanas plantas no jamás hollados,
ora cerradas breñas, o empinados
y mal seguros puertos.

Tal vez pasé, con religioso antojo
de ver al gran pastor que el Vaticano
mora, los montes donde el africano
caudillo perdió un ojo,
y de Flora cantando la belleza,
sin armas con que de él me defendiera,
huyó un lobo de mí, que mayor fiera
no vio Naturaleza.

Véame, pues, en la región ardiente,
negra y estéril con eterno estío;
véame en la que siempre abrasa el frío,
y al Sol no ve luciente;
que en cuanto el cielo vueltas multiplica,
para que el Sol al mundo luz envíe,
amaré a Flora, la que dulce ríe,
la que dulce platica.

Ya, ya, y fiera y hermosa

Ya, ya, y fiera y hermosa,
madre de los amores, quebrantado
desamparé tu enseña. ¿Y tú, envidiosa,
a mí? ¿Tú a mí, malsano y desarmado?
¿Qué te podré yo ser? Al vulgo vano
risa, y silbo afrentoso;
Al sabio ¡oh, cuánto espanto!, y al piadoso;
¡cuál fábula al profano!

Del venusto semblante
la ya florida tez huyó marchita,
y el pelo que en la frente alzó arrogante
cresta, desnudo otoño lo ejercita.
Ni contender con el rival podría,
ni esperar vanamente
crédulo amor recíproco en la ardiente
llama sabrosa mía.

Puedo apena sufrirme,
inútil carga, ¿y burlas, oh hermosa?
¿o provócasme seria? ¿y conducirme
a tu milicia esperas peligrosa?
Su Cipro, ay, Venus ha desamparado,
y en fuego convertida
y en belleza (ya tal se mostró en Ida),
toda en mí se ha lanzado.

Árdenme aquellos ojos
negros de la Amarili, que, serenos,

roban el Sol; aquellos sus enojos
árdenme, de sal —más que de ira— llenos;
su dulcemente acerba rebeldía,
y de su negro pelo
el oro, el fuego. ¿Arabia y Mongibelo
tal fuego, oro tal cría?

¿Quién trocará, prudente,
por cuanto el Inga atesoró, el cabello
de Amarili? ¿y por todo el rico Oriente
cuando ella tuerce? ¡Oh, cómo hermosa, el cuello
a mis ardientes besos, y rogada,
con saña fácil niega
lo que ella, más que el mismo que le ruega,
dar quisiera, robada!

Huyó la nieve, y árboles y prados

Huyó la nieve, y árboles y prados
de hoja y grama se visten;
la tierra se rebeza, y, amenguados,
los ríos no la envisten.

El año te amonesta que no esperes
bienes aquí inmortales,
y el día, que arrebata los placeres
y gustos no cabales.

Amansa del invierno yerto el frío
con Fabonios templados;
y al verano ahuyentan, del estío
los soles requemados.

Éste fallece luego que el sabroso
otoño nos madura
los frutos, y el invierno perezoso
por tornar se apresura.

Mas los daños del tiempo, presurosas,
las lunas los reparan;
y restituye el Zéfiro las rosas
que los Cierzos robaran.

Nos, de peor condición, si tal vez una
a aquesta luz cedemos,
¿en qué abril, a qué viento, con qué Luna
renovarnos podremos?

Cuando tú me encareces

Cuando tú me encareces
oh Amarili, de Iulio el talle hermoso,
y, mirando, enmudeces,
a Iulio, con descuido malcurioso,
¡ay, cómo arde en mi pecho
infernal rabia! Y con dolor esquivo
revienta a mi despecho
por los ojos el llanto fugitivo.

Y, cambiando colores,
indicación da el rostro fatigado
de cuán fieros ardores
en mi alma lentamente se han lanzado.

Quémame ver señales
de burlas en tus brazos de alabastro;
quémame en los corales
de tus labios ver de otro fuego el rastro.

No (si tú bien me escuchas)
con mozos libres, so color de juego,
osada emprendas luchas,
que allí oculto de Venus yace el fuego.

Oh tres veces dichosos
los que añuda con lazo Amor tan fuerte
que celos rigurosos
primero no lo rompan, que la muerte.

Si de renta más cuentos

Si de renta más cuentos
que los Ingas y chinos alcanzares,
y tus anchos cimientos
las tierras ocuparen y los mares,
ni la certera flecha
de la muerte huirás, ni de su miedo
la importuna sospecha
tenerte dejará el ánimo ledo.

¡Oh, mejor el gitano,
sin patria conocida ni solares,
vive!, y el africano
en movedizas casas aduares,
a quien fruto crecido,
no con lindes tasado ni mojones,
el campo agradecido
rinde, y de trigo fértiles montones.

Y, con labor de un año
llenos, holgar permiten a la tierra;
y al que administra ogaño,
igual otro sucede, paz y guerra.

Allí el varón no rige,
soberbia con la dote, su casada,
ni el vicio mal corrige,
del poderoso adúltero fiada.

Gran dote es la nobleza

y honestidad, allí, de los mayores;
el pecar gran vileza,
y su precio morir, con los favores
—oh tú, quienquier que seas—
de los siglos pretendes inmortales;
si escrito ser deseas
Padre del pueblo en públicos anales,
osa enfrenar, severo
cuerdamente, la vida licenciosa,
y al siglo venidero
virtud que imite ofrece generosa.

Pues tal es que, envidiosos
en los presentes la virtud odiamos,
y de ella codiciosos,
si a los ojos fallece, la buscamos.
¿qué sirven las querellas
si el castigo las culpas no descrece?
¿qué las leyes, cual ellas
vanas, si, exento el pueblo, no obedece?

Ni ya el estéril suelo
de la tórrida, ardiente siempre y solo,
ni ya el eterno hielo
de los siete triones y del polo,
al mercader desvía
de sus torpes ganancias. Vence artero,
con pertinaz porfía,
tamaño golfo un breve marinero.

Y presta la pobreza
¡grande oprobio hoy! paciencia y ardimiento

para cualquier vileza,
y pone en torpe olvido el santo intento.

O al común, do la fama
y aplauso popular con gloriosos
apellidos nos llama,
o al mar vecino los rubíes preciosos
y el oro inútil demos,
de todo mal ¡cuán ciertas ocasiones!

Y si nos malqueremos
las maldades, si bien somos varones,
de la torpe avaricia
las letras no se aprendan, no, primeras;
mas beba en la puericia
disciplinas el ánimo severas.

No cual hoy, que no gusta
ni andar sabe a caballo el ahembrado
mozuelo, y la robusta
caza teme: ¿oh el naipe, así, y el dado?

Y tú, oh padre perjuro,
y trefe a tus amigos y usurero,
¿con recambios el juro
apresuras y el censo a ese heredero?

Está bien, y sin tasa
crezca la hacienda; crezca. Mas, ¿qué importa,
si la codicia escasa
siempre en un no sé qué la llora corta?

A Francisco de Acosta en la muerte del padre Josef Acosta, su hermano

¿Quién pondrá freno y término al deseo
de una vida, Faustino, así preciosa?
¡Oh, cómo fuera digno aquí el empleo
de tu voz numerosa
y de tu lira, Orfeo!

Eterno sueño al grande Acosta oprime,
cuyo par no vio el Sol. Y la fe pura
y la entereza, sin consuelo, gime
sobre la sepultura;
ni hay quien no se lastime.

Faltó en dolor de muchos; mas ninguno
al tuyo igual. Tú, aquél, piadoso en vano,
al cerrado sepulcro, tú, aquél, uno,
al cielo soberano
demandas importuno.

Bájase fácil a la hoya oscura;
pero dar paso atrás, y a aqueste aliento
y luz común volver ¡oh, cómo es dura
provincia! no es intento
permitido a criatura.

Es grave asaz la pérdida, y terrible
y fiero es el dolor que de ella avino;
mas (si enmendar el hado es imposible)
modérelo, Faustino,

la paciencia invencible.

No estimes, no, por afrentoso el nudo

No estimes, no, por afrentoso el nudo
que con esclava te enlazó tan bella;
pues otra ya, menos hermosa que ella,
a Aquiles arder pudo.

Agamemnón, la prez y honor del griego
bando, ¿triunfo no fue de su cautiva?;
y otra la condición de Ayace altiva
rendir pudo a su fuego.

¿Qué, Tirso, no será que ilustre padre
engendrase a tu Fili, y que los cielos
le diesen, como a ti, nobles abuelos?,
si no bien igual madre.

Su aquel ánimo, al menos generoso;
aquel su corazón, así arredrado
de interés y doblez, no fue heredado,
no, de padre afrentoso.

¡Y el rostro! ¿Dó se vio par hermosura?
¡Qué pie!, ¡qué manos tan a tomo hechas!
Sano la alabo, Tirso, ¿qué sospechas?
Ya la edad me asegura.

A don Alonso de Santillán, que volvía de las Indias

¡Oh mil veces conmigo reducido
al postrer punto de la vida odioso!
¿cuál astro poderoso
hoy te ha restituido
a tu suelo dichoso,
Santiso, la mitad del alma mía?

Contigo alegremente los ardores
de los soles mayores,
contigo no sentía
del cierzo los rigores.

Ambos del mar huimos proceloso
la saña; a mí por medio del cerrado
peligro, mi buen hado,
alegre y victorioso
a puerto me ha sacado.

A ti segunda vez, mal advertido,
la resaca sorbió del mar hambriento;
y al arbitrio del viento,
y al caso, permitido
te viste y sin aliento.

Cumple tu voto, y, grato al cielo santo,
con lágrimas gozosas ya el sereno
rostro baña, y el seno;
que yo, Santiso, al tanto,
te espero en Mirarbueno.

¡Oh, fuese a mi vejez firme reposo
este lugar!; de mis navegaciones
y peregrinaciones,
¡oh, término dichoso
fuese!, y de mis pasiones.

Este rincón, de todos los del suelo
me place más, do brota la primera
y la rosa postrera;
do siempre es uno el cielo,
do siempre es primavera.

Éste a la mesa espléndida conmigo
y al brindis te convida. ¡Oh cuerdo exceso!
Dulce me es ser travieso,
cobrado un tal amigo;
dulce perder el seso.

Profecía del Tajo en la pérdida de España

Rendido el postrer godo a la primera
y última hermosura que en el suelo
vio el Sol, del Tajo estaba en la ribera,
moviendo envidia al cielo,
de su adorada fiera.
La real corona y cetro el ciego amante
derribaba (¿y qué no?) a los pies de aquélla.

Huéllalo todo altiva, y con semblante
fiero otra vez lo huella;
y él, ay, pasó adelante:
¡oh mal dulce deleite! Puso luego
calma enojosa en su corriente el río
para advertir, aunque ofendido, al ciego
rey, en su desvarío,
del hierro así y del fuego

que le amenaza: «En punto desdichado
ofendiste a esa hermosa, oh godo injusto,
que vengará con tanto y tal soldado
África, de tu gusto
y de tu real estado
despojándote. ¡Ay, ay, cuánta fatiga!;
¡cuánto afán al caballo y al valiente
infante amaga! ¡a lanza y a loriga!
Mueves contra tu gente
¡cuánta diestra enemiga!

Ya suena el atambor; ya las banderas

se despliegan al viento; ya, obedientes
al acicate, corren en hileras
los jinetes ardientes
y las yeguas ligeras.

No excusas, no, la lanza y el tranzado
arnés, en solo el ámbar y el curioso
peine (¡oh varón!, ¡oh rey!) ejercitado:
¿no ves cuán espantoso
baja el campo, y formado?

Mira cómo Tarife, atravesando
osado por las huestes y valiente,
tu enseña abate, y Muza destrozando
(asombro de tu gente)
los campos va talando.

Conocerás allí al nunca vencido
Almanzor, que en tu mengua se engrandece.
Mas al conde, ay, ¿no ves cuán sin sentido,
y hierve y se enfurece,
buscándote ofendido?

No así medroso gamo, no así presto,
será que del hambriento lobo huya,
cual flaco tú del émulo molesto:
habiendo a aquesta tuya
prometido no aquesto.

Traerá —présago yo— al godo su día,
tras no muchos diciembres, la africana
armada que ya el Cielo airado guía:

caerá tu soberana
y antigua monarquía.»

Libros a la carta

A la carta es un servicio especializado para
empresas,
librerías,
bibliotecas,
editoriales
y centros de enseñanza;

y permite confeccionar libros que, por su formato y concepción, sirven a los propósitos más específicos de estas instituciones.

Las empresas nos encargan ediciones personalizadas para marketing editorial o para regalos institucionales. Y los interesados solicitan, a título personal, ediciones antiguas, o no disponibles en el mercado; y las acompañan con notas y comentarios críticos.

Las ediciones tienen como apoyo un libro de estilo con todo tipo de referencias sobre los criterios de tratamiento tipográfico aplicados a nuestros libros que puede ser consultado en Linkgua-ediciones.com.

Linkgua edita por encargo diferentes versiones de una misma obra con distintos tratamientos ortotipográficos (actualizaciones de carácter divulgativo de un clásico, o versiones estrictamente fieles a la edición original de referencia).

Este servicio de ediciones a la carta le permitirá, si usted se dedica a la enseñanza, tener una forma de hacer pública su interpretación de un texto y, sobre una versión digitalizada «base», usted podrá introducir interpretaciones del texto fuente. Es un tópico que los profesores denuncien en clase los desmanes de una edición, o vayan comentando errores de interpretación de un texto y esta es una solución útil a esa necesidad del mundo académico.

Asimismo publicamos de manera sistemática, en un mismo catálogo, tesis doctorales y actas de congresos académicos, que son distribuidas a través de nuestra Web.

El servicio de «libros a la carta» funciona de dos formas.

1. Tenemos un fondo de libros digitalizados que usted puede personalizar en tiradas de al menos cinco ejemplares. Estas personalizaciones pueden ser de todo tipo: añadir notas de clase para uso de un grupo de estudiantes, introducir logos corporativos para uso con fines de marketing empresarial, etc. etc.

2. Buscamos libros descatalogados de otras editoriales y los reeditamos en tiradas cortas a petición de un cliente.

www.ingramcontent.com/pod-product-compliance
Ingram Content Group UK Ltd.
Pitfield, Milton Keynes, MK11 3LW, UK
UKHW042009190726
13854UKWH00005B/2223